AF262190

AUX

TRAVAILLEURS

PAR

DUPUY-QUINET

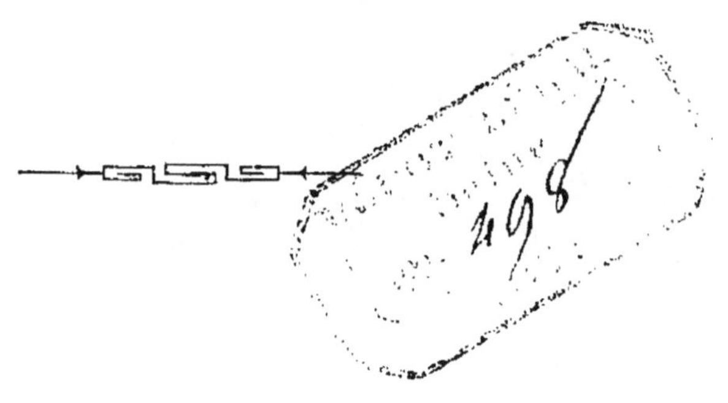

PARIS

IMPRIMERIE LEFEBVRE, PASSAGE DU CAIRE, 87-89.

—

1871

AUX TRAVAILLEURS

I

Nous voici, je l'espère, arrivés au moment où tous les travailleurs comprendront que le régime républicain est le seul possible dans les temps modernes.

L'intelligence d'un seul, si juste, si raisonnable, si puissante qu'elle soit, ne peut suffire aux exigences de plusieurs millions d'hommes.

Beaucoup d'esprits peu éclairés font république synonyme de révolution; pour eux, c'est le pillage, l'anarchie, la dévastation. Ils ont donc une sainte horreur de la République, car elle a toujours enfanté des cataclysmes terribles, qui ont semé l'effroi plutôt que la concorde, et dont, à chaque époque, on a voulu sortir, coûte que coûte. Ces cataclysmes étaient alors nécessaires, évidents, utiles. C'est à eux que l'on doit le développement humanitaire dont la France a donné le plus grand exemple; c'est à eux que l'on doit d'avoir établi l'égalité sociale dont chaque citoyen s'enorgueillit à juste titre.

Chaque révolution a été enfantée par des hommes dont l'esprit élevé cherchait une perfectibilité à l'ordre social de leur temps. De là sont nées les grandes crises. Chaque pas civilisateur n'a-t-il pas coûté des flots de sang? Chaque philosophe n'a-t-il pas eu à lutter pour établir les nouvelles doctrines qu'il avait conçues? Dans tous les temps, la routine, les préjugés, l'ignorance no r'ont-il pas emporté sur les créations nouvelles, si utiles qu'elles fussent ?

Socrate eut la ciguë; Jésus, la Croix, pour avoir créé, eux aussi, une révolution morale et progressiste.

Galilée fut martyrisé pour avoir trouvé la vérité, ignorée depuis des siècles, et qu'on s'acharnait à vouloir ignorer encore.

C'étaient pourtant des esprits d'élite qui concevaient le bien et le vrai; au devant desquels les peuples eusssent dû s'élancer, pour puiser dans leurs doctrines les enseignements nécessaires à leur perfectionnement.

Qu'a fait le peuple, alors, comme toujours? Il s'est écarté de ceux qui voulaient le sauver. Il les a laissé mutiler; il y a même aidé. Lui, le peuple! Lui, la force! Lui, qui devait par intuition comprendre qu'un homme qui se sacrifie ainsi, par devoir, par conviction, et ose lutter devant tous sans faiblir, doit être le représentant de la vérité, du progrès, de l'humanité; et que les peuples devraient se liguer pour le défendre plutôt que de l'anéantir!

II

La République, emportée par l'extrême enthousiasme de tous ceux qui l'ont fondée, a commis des fautes, il est vrai. Jusqu'à nos jours, aucune République ne s'est composée d'hommes assez sages pour la savoir maintenir.

L'ambition a égaré tous ceux qui se sont trouvés subitement placés à la tête des Gouvernements, qui, par leur puissance, puisée dans les ressources d'une grande nation, pouvaient peser d'une façon quelconque dans les destinées de l'Europe.

De nos jours, un seul Gouvernement s'est dérobé à ces écarts fâcheux, en conservant une royauté illusoire, en portant au trône un homme qui n'a du roi que le titre, et qui est obligé de laisser à la nation la responsabilité d'actes aussi considérables qu'une déclaration de guerre, l'érection d'une nouvelle loi, un emprunt national, etc.

Que le travailleur examine à quoi ont abouti les plus grandes gloires : et de tout temps, la gloire militaire a éclipsé les autres. De tout temps un grand capitaine a subjugué les nations, par la puissance de sa force ; et tous les conquérants sont arrivés au trône qui s'est dérobé sous les pas du légiste ou du philosophe.

Constatons qu'en mettant toujours un conquérant à leur tête, les peuples ont été droit à leur ruine. Depuis Alexandre, la grande Macédoine est perdue ; depuis César, Rome n'est plus qu'une ombre.

Annibal a englouti Carthage, Clovis a laissé les rois fainéants, Charlemagne a créé la féodalité, Charles-Quint a ruiné l'Espagne, Henri IV n'a rien fait, si Richelieu ne lui succède.

Au profond politique, au ministre économe succède Louis XIV ; s'appuyant sur Colbert et Vauban, il trouve la besogne tracée : eux morts, il laisse après lui l'échafaud à Louis XVI.

Base sanglante sur laquelle les premiers républicains ont eu le tort de poser un piédestal qui a vite glissé sur ce sang inutile, pour laisser la place au plus étonnant conquérant des temps présents et passés, qui n'aurait lui-même laissé derrière lui que des ruines honteuses, si le martyre n'avait, en quelque sorte, racheté un passé plus sanglant que glorieux.

La première République, si grande, parce qu'elle s'est composée d'hommes jusqu'alors ignorés, et qu'elle a créé la fameuse décentralisation dont nous sommes aujourd'hui victimes, en établissant la puissance de la bourgeoisie ; la première République, dis-je, avait eu trop de guerres, et de guerres inutiles (de ce nombre, je mets la campagne d'Égypte).

Elle devait finir fatalement, comme tous ceux qui s'en sont servi, par le sabre qu'elle avait tiré.

Il ne faut donc jamais citer cette République comme exemple de Gouvernement. Un Gouvernement doit être sans passion, la justice et la force. Le Gouvernement de 93, fruit des passions de tous ceux qui l'avaient fondé, devait être fatalement englouti par ces passions mêmes.

Il n'est pas besoin de potentats; ils sont et seront toujours les ennemis du peuple. Du reste, pour ne point paraître partial, je tiens à citer plusieurs exemples, qui prouveront, mieux que tous les raisonnements possibles, que mon idée est juste, utile, humaine, sociale et absolument nécessaire à réaliser dans les temps qui vont suivre.

Quelques rois ont su se faire aimer, Henri IV, entre autres, qui a laissé au peuple de si bons souvenirs, sans les avoir jamais mérités. Si les actes d'un homme lui servent de piédestal, dans cette confiance de chacun, qu'on nomme la popularité, les événements, les besoins de l'époque à laquelle il arrive, sont pour une grande part dans cette confiance que lui donne chacun. Il est certain que succédant aux largesses de François Ier, à la mort fatale de Henri II, au règne ténébreux de Catherine de Médicis et de Charles IX, au passage scandaleux de Henri III, et en fin de compte aux guerres religieuses qu'avaient suscitées les saines et viriles Maximes de Luther et de Calvin, Henri IV, qu'on savait pour Luther et Calvin, et même un peu pour Rome, était, politiquement parlant, le seul homme capable de s'asseoir, d'une façon stable, sur un trône miné, ébranlé, presque en ruine; et, que son abjuration, qui doit, à l'âge où il l'a faite, être considérée comme la pire de toutes les actions, devait lui attirer l'appui de tous les grands.

Il n'en était pas de même pour le peuple, auquel, par ce fait, il prouvait toute l'élasticité de sa conscience, en trahissant ceux qui l'avaient si bien servi jusqu'alors, soit par leur dévouement, soit par leur foi religieuse.

On aurait dû comprendre que ce Bourbon cédait, non à ses convictions, mais à son ambition personnelle, et le peuple d'alors, s'il eût bien réfléchi, se fût bien gardé de choisir pour maître celui qui abandonnait si impudemment un peuple qui avait versé pour lui son sang tout entier après avoir consommé la ruine de chaque famille. Henri IV était comme tous les capitaines de son temps, libertin et dépensier. Il laissa pourtant des économies dans la caisse royale, grâce à Sully, homme intègre, profond politique, ministre habile, qui, par un labeur assidu, joint à une grande probité et à une foi profonde, fut le véritable lien, qui parvint à unir catholiques et protestants. Sully avait compris la liberté de conscience : on lui doit l'édit de Nantes. Toute la gloire du règne de Henri IV appartient à Sully, presque ignoré du peuple, pour lequel cependant il travailla toujours.

Nous sommes, heureusement, loin de ces temps, où le nom d'un seul et le prestige qui y était attaché attiraient la confiance du peuple qui, dans un enthousiasme fatal, en portant son préféré au trône, signait toujours une ruine qu'il payait de ses biens ou de son sang.

C'est la révolution de 1848 qui nous a donné le dernier exemple de ces préférences désastreuses. Louis-Napoléon se faisant un appui de la gigantesque auréole de son oncle, a prouvé une fois de plus que le peuple n'a besoin de personne pour le gouverner, qu'il peut puiser dans son propre sein les éléments nécessaires à son développement social et humanitaire ; et qu'enfin, quels que soient les hommes qui se présentent, ils sacrifieront dans tous les cas, comme Lebœuf, Bazaine, Ollivier, Gramont, Napoléon, les intérêts généraux, ou à leur orgueil ou à leur intérêt particulier.

Je dirai en passant un mot au peuple des campagnes qui a depuis 1848 le loisir de vendre à de bons prix son bétail ou ses grains : faites la balance de ce que vous avez gagné pendant vingt ans, et de ce que vous avez perdu pendant six mois ; vous verrez s'il est plus avantageux d'avoir à la tête des affaires un seul homme qui ne pense qu'à lui et vous trahit au moment difficile : ou trois cents, six cents, mille, qui ont les mêmes intérêts à sauvegarder, les mêmes droits à défendre, le même devoir à remplir.

La balance, je le crois, ne sera pas en faveur de Napoléon. Un mot pour finir. M. de Bismarck, à l'époque où j'écris, a travaillé pour le roi Guillaume, de telle façon que, même vainqueur de la France, même faisant de ce roi un empereur quelconque, il aura consommé la ruine de la Prusse. Émule du grand Frédéric, il aura beaucoup conquis, mais beaucoup détruit et beaucoup dépensé ; il aura, par son génie, agrandi le territoire de son pays, acte inutile à notre époque. On dompte un chien, mille chiens, mille bœufs, on ne dompte pas un peuple, on ne l'acquiert pas, on ne le subjugue pas. Les peuples, aujourd'hui, cherchent, tendent à se débarrasser de toute espèce de joug, qui ne sera pas celui qu'ils voudront s'imposer eux-mêmes.

La civilisation les a débarrassés de cette torpeur morale, qui existait encore au temps de Louis XIV et que la première République a détruite à jamais.

Cette destruction est une création. C'est le développement de l'esprit humain, de l'indépendance personnelle, que Napoléon Ier contint pendant quinze ans sous les efforts de son génie, et qui l'écrasa en cent jours sous la masse de sa puissance !

Que M. de Bismarck, par malheur pour son pays, conquière la Lorraine et l'Alsace : il prépare à la Prusse, avant dix ans, un nouvel Iéna, peut-être pis encore.

S'il travaille pour le père, il ne pense pas au fils. La Prusse sera obligée de recommencer la lutte, et elle est épuisée. Elle pourra nous imposer de lourdes contributions de guerre : mais l'argent ne crée pas les hommes.

La France républicaine aura pour soutiens la Pologne, la Belgique, la Suisse, l'Amérique, tous les États où les esprits sont indépendants et veulent la liberté sociale. La Prusse à son tour sera écrasée, parce qu'elle aura à sa tête un despote qui sacrifiera tous ses sujets pour sa couronne, comme son père les sacrifie pour Paris.

A cette époque, le peuple prussien marchera-t-il ? J'en doute. La Prusse deviendra république, comme toutes les nations de l'Europe civilisée, à qui notre exemple enseignera que c'est par ce Gouvernement seul qu'un peuple est puissant et fort, et d'une force durable, parce qu'il défend lui-même ses institutions, ses intérêts, ses doctrines, ses droits ; parce qu'il a le respect des droits de chacun pour base, et l'humanité pour but.

III

Trois choses fondamentales sont nécessaires à un Gouvernement : l'économie nationale et administrative, l'extension de l'instruction et de l'agriculture, l'abolition de l'armée active permanente, remplacée par la création de la force nationale, se composant, se formant de tous les citoyens valides. Force uniquement défensive, faisant abstraction de tout esprit de conquête, pour établir, d'une manière absolue, les limites de chaque pays, la sanction de leurs institutions nationales, de leurs droits respectifs, en faisant respecter les siens propres.

On ne peut arriver à ce résultat que par le suffrage universel, c'est-à-dire, en forçant chaque citoyen ayant atteint l'âge marqué par la loi à voter dans un sens ou dans l'autre, sans admettre d'abstention. Je tiens essentiellement à faire comprendre à tous qu'un vote est aussi nécessaire au pays qu'un fusil, et que la qualité *d'homme* ne gît pas simplement dans la dose d'énergie physique qu'on déploie en face d'un ou plusieurs étrangers dont les croyances et les intérêts ne sont pas les mêmes que les nôtres ; mais aussi, et surtout, à combattre par l'énergie morale les ennemis du dedans, qui, soit par intérêt, par indifférence, ou par inconscience du mal qu'ils font, se trouvent, se placent au travers des œuvres nécessaires au bien-être du pays et à l'amélioration de son état social.

De deux choses l'une : la loi, l'acte, les changements, les emprunts qu'on vous propose de voter, ont votre adhésion ou votre refus. Vous trouvez qu'ils sont utiles ou qu'ils ne le sont pas. Il est impossible que la création de l'une de ces choses n'amène un changement favorable ou défavorable que vous pressentez, que vous devinez, et que vous devez ou combattre ou admettre, suivant votre conviction, comme vous combattez celui qui, ne respectant ni la propriété ni la famille, porte atteinte à votre famille ou à votre propriété. Je ne fais pas une clause personnelle : j'entends, par famille et par propriété, le pays, la nation, les citoyens qui sont une grande et même famille dans une propriété commune qu'il importe de défendre contre les agressions brutales du dehors, mais surtout contre les agressions morales du dedans.

Il est incontestable que celui qui fuit devant un ennemi qui vient ravager le pays, violer les femmes, est un homme inexcusable, indigne de l'estime de tous et qu'il mérite un châtiment.

Celui qui, par son vote, peut améliorer, assainir, enrichir le pays, être utile enfin à la société nationale et même universelle, en accomplissant ce devoir, qui paraît si simple et qui est si grand, est-il, lorsqu'il néglige de l'accomplir, moins coupable que celui qui déserte et fuit lorsqu'il faudrait frapper ?

Je répondrai sans hésiter qu'il est plus coupable. — Tous les devoirs sont difficiles à remplir ; mais les uns exigent plus de vertu que d'autres. J'estime que celui qui reste indifférent devant les travaux de ses contemporains, devant leurs efforts à chercher, à créer une perfectibilité dans l'ordre social et humanitaire, qui est par son égoïsme un des mille obstacles qui retardent l'accomplissement d'une œuvre progressiste et morale, devrait être puni plus sévèrement encore que le soldat qui fuit.

Quand on sera bien pénétré de la grandeur, de la puissance sociale des devoirs civiques ; quand chacun voudra voter et aura appris à le bien faire, tout citoyen prendra son fusil avec courage, pour défendre ses convictions, parce qu'il luttera : pour que la force soit dominée par la raison, la gloire par la morale, la guerre par la philosophie !

IV

L'économie d'un gouvernement est sa principale force. On l'a toujours compris et dit en France, sans jamais l'exécuter.

Trois choses absorbent le budget : l'administration, le clergé et l'armée. Il faut réduire l'administration, soustraire le clergé. Quand à l'armée, j'en reparlerai plus tard.

Le premier soin du Gouvernement qui succédera à la catastrophe présente doit être de rendre l'instruction civile non-seulement accessible à tous, mais obligatoire.

Il faut à tout prix favoriser l'instruction et l'agriculture, car c'est la base de la richesse et de la prospérité du pays que nous habitons. Beaucoup de gens m'ont déjà dit : « Vous prétendez, par la République, créer et mettre à jour toutes les libertés, et vous commencez par un acte despotique et arbitraire. Pourquoi me forcez-vous d'élever mon enfant autrement qu'il me convient ? Pourquoi serai-je obligé de l'instruire si ma volonté ou mes besoins me forcent de le laisser ignorant ? » Malheureusement, tout absurde qu'il paraisse, ce raisonnement peut s'appliquer l'exemple à la main. Dans les villes manufacturières, dans les campagnes, un enfant, dès huit ou neuf ans, apporte au logis paternel le tribut de son travail. Le père et la mère, journaliers l'un et l'autre, pauvres par conséquent et gênés par une famille souvent nombreuse dont les besoins excèdent le produit du labeur, attendent avec impatience le moment où leur premier enfant pourra apporter à la maison le contingent qui diminuera d'autant les besoins de la famille. Ceci est vrai ; je l'ai vu. Un père néglige d'envoyer son enfant à l'école, parce que le petit doit gagner son pain, afin qu'il y en ait assez pour tous.

Il est facile de porter remède à cette plaie morale ; supprimez un Sénat dont vous n'avez que faire, je le prouverai plus tard, venez en aide au travailleur en lui procurant, s'il le faut, le moyen d'élever son enfant et de le sortir de cette espèce de tourbe où vous laisse l'ignorance qui enfante la foi stupide, la crédulité niaise, la méfiance malsaine.

Créez une loi semblable à celle qui défend à un père de battre son enfant.

Vous lui défendez de mutiler le corps ; pourquoi lui permettre d'annihiler l'esprit ? Qui a causé de tout temps la suprématie des classes riches sur les classes pauvres ? L'argent, qui permet aux premières d'instruire leurs enfants, et la gène, qui oblige les autres à laisser les leurs dans l'ignorance.

On a parlé souvent de l'égalité des hommes, et certes elle est évidente. Un homme vaut un homme, comme un corps vaut un corps. La différence des castes n'est pas dans la fortune, elle est tout simplement dans les esprits.

Qu'un ignorant fasse fortune et qu'un savant reste pauvre, quel est celui des deux qui a le droit de cité ? Le riche ignorant et n'ayant que son or, ou le savant pauvre, mais ayant le discernement du bien et du mal ?

Que des enfants naissent, l'un d'un prince, l'autre d'un laboureur ; l'un d'un bourgeois, l'autre d'un ouvrier :

Au berceau, les quatre êtres sont égaux devant tous, ceci est incontestable. Instruisez-les ensemble, faites-leur apprendre autant à l'un qu'à l'autre les choses nécessaires au perfectionnement de leur intelligence ; enrichissez également leur esprit de tous les trésors de la science, lequel sera supérieur ?

Celui qu'on a l'habitude d'appeler le plus intelligent et qui, par le fait, n'est que le plus raisonnable, le plus sensé, le plus moral. Que chaque enfant ignore sa naissance, celui des quatre qui aura cette suprématie de la raison, qui s'appelle talent et devient parfois génie, celui-là seul sera supérieur aux autres.

Comme l'expérience n'a jamais été faite, personne ne peut me soutenir que les prolétaires ne seront pas vainqueurs dans cette lutte de la raison ; et, dans ce cas, si princes, si bourgeois que soient les autres, ils n'en seront pas moins les inférieurs de leurs concurrents.

L'égalité pour tous est presque inadmissible au moyen terme de la vie. Au berceau tous les êtres se valent. L'inégalité ne surgit que de la dose de raison qu'acquiert l'homme en s'instruisant.

Il faut donc donner à chacun le moyen d'égaler celui qui le coudoie.

C'est par l'instruction seulement qu'on arrivera à ce nivellement des êtres. Non par la fortune que convoitent tous les esprits, mais par le sentiment du devoir, qui naîtra parmi eux, quand chacun saura apprécier, analyser, comprendre, définir les différentes phases morales ou politiques sur lesquelles il sera appelé à apposer son vote.

Si la République a le monopole de toutes les libertés, elle ne doit conserver que les bonnes, éloigner les mauvaises :

C'est une mauvaise liberté que celle de tenir sous le joug l'intelligence de la plus grande partie des êtres qui composent une nation, et qui, somme toute, en sont la force et la richesse.

V

L'instruction étant obligatoire, il faut que l'Etat vienne en aide au travailleur dans la mesure de ses besoins ; car, cette instruction qu'il impose, doit être la même pour tous jusqu'à l'âge du discernement de chacun.

Je vais essayer de prouver qu'en plaçant de certains fonds dans cette œuvre essentiellement sociale et humanitaire, l'argent fournira au décuple ce que coûte chaque année le maintien d'un ordre d'êtres que le Gouvernement paie, entretient, oblige sans en rien recueillir, ce qui est anti-économique.

Il faut donc édicter une loi par laquelle : jusqu'à sept ans un enfant sera à la disposition totale de ses parents. Passé cet âge il devra entrer dans les prytanées de l'Etat, à moins toutefois, que sa santé n'exige une dispense, qui ne devra être accordée que très-rarement, sans cela les cas de maladie deviendraient fort nombreux. De sept à dix-neuf ans, temps nécessaire pour faire toutes les classes et instruire un homme convenablement, chaque enfant appartiendra à l'Etat, comme le soldat sous les armes. Il y aura des sorties tous les premier et troisième dimanches du mois ; les dimanches intermédiaires seront réservés pour la visite des parents.

De 16 ans et demi à 19 ans, chaque élève pourra apprendre l'état manuel choisi par lui ou sa famille.

De 19 à 22 ans il fera partie de l'armée active ; la première année, il apprendra le métier de fantassin ou de cavalier, suivant sa complexion ; la deuxième année, en cas de guerre, il fournira le contingent de l'armée permanente ; la troisième année, il partira un an sur les vaisseaux de l'Etat. Passé vingt-deux ans, il s'appartiendra corps et biens, libre d'exercer la profession qui lui conviendra le mieux. Jusqu'à trente-deux ans, il sera sommé de répondre au premier appel du Gouvernement en temps de guerre, mais seulement lorsque cette guerre aura été déclarée ou acceptée par le vote de la nation entière.

Dès vingt-deux ans, il sera électeur, avec l'obligation de remplir son bulletin de vote. Les votes ne seront jamais secrets.

De trente-deux à quarante ans, il ne devra défendre que la frontière, ses armes lui resteront ; il ne les rendra qu'à la fin de ses services. Il en aura le soin ainsi que de son équipement, qui lui sera fourni par l'Etat.

Dans chaque prytanée, un prêtre ou un pasteur, suivant les localités, sera payé par le Gouvernement pour l'enseignement religieux. Il y aura deux prytanées par préfecture, un dans chaque sous-préfecture.

Pour arriver à ce résultat, il faut supprimer la paie du clergé qui, hormis les membres professeurs, devra se suffire à lui-même : le Pape entretient une armée, il peut bien payer les prêtres. Supprimez les appointements du clergé, vous arriverez facilement au but.

Je tiens à développer la raison qui me fait demander pendant un an l'envoi des jeunes gens sur un vaisseau de guerre.

D'abord hygiéniquement, l'air de la mer fortifie les plus faibles, beaucoup de médecins me l'ont affirmé.

Ensuite, il faut penser qu'à bord, tout homme devra apprendre l'exercice du canon, ce qui est absolument nécessaire, l'artillerie étant aujourd'hui la base des opérations de guerre et le point le plus essentiel au succès d'une armée.

Mais, peut-on objecter, y aura-t-il donc encore des guerres ? Oui, il y en aura, je le pense, je le crois, je le crains, sans le souhaiter ni l'espérer.

La guerre ne s'évitera que lorsque les peuples feront abstraction de nationalité, ce qui nous amène à la République universelle, qui mettra cent ans encore avant d'éclore et je crois estimer au mieux l'esprit des peuples, la grande majorité des hommes, croyant, faute d'instruction, qu'un roi est nécessaire à la gestion d'un pays.

Les rois se détruiront d'eux-mêmes par les fautes qu'ils feront. Chaque guerre sera une faute. Quelques esprits élevés la combattent depuis cent ans, et on la fait toujours plus meurtrière et plus sanglante. A force d'être martyrs les peuples reconnaîtront l'égoïsme des princes et l'on fera plus avec trente ans d'enseignement forcé, qu'avec mille ans de despotisme.

VI

L'éducation de la femme, soumise comme enseignement aux mêmes lois, devra être essentiellement commerciale. C'est encore une des bases de la solidité future du Gouvernement qui va s'établir.

Supposez un cas de guerre et le rappel de tous les hommes jusqu'à quarante ans. Qui sera à même de gérer la maison en l'absence du mari ? La femme. Elle n'aura à penser à ses enfants que jusqu'à sept ans. Passé cet âge, si ses moyens ne lui permettent pas de les élever, le prytanée les adopte, en fait des êtres qui n'ont eu sous les yeux que de bons exemples, qui sortent de là avec un bon état leur permettant de travailler et de vivre, sans avoir derrière eux les tristes souvenirs de la misère, qui entraînent parfois la femme à la prostitution et l'homme à la débauche.

L'industriel, l'inventeur, l'artiste, etc., préoccupés souvent de leur œuvre spéciale, négligent leurs intérêts. Si la femme est élevée commercialement, elle les sauvegarde. Si elle est instruite, elle trouvera aussi facilement, que cela lui est maintenant impossible, les emplois qu'occupent tant de jeunes hommes vigoureux, qui seraient bien mieux derrière une charrue, que derrière un comptoir à auner des rubans.

Puisque je suis sur le chapitre de la femme, une question délicate, scabreuse même, se présente. Je vais essayer de la résoudre.

Un jeune homme, quelque soit son caractère, doit-il avoir libre accès au sein de la famille, sans qu'aucun témoin puisse s'interposer dans les entretiens existant entre l'épouse ou la fille et lui ? Est-ce moral, est-ce même raisonnable ? Non. Cela arrive cependant. Chaque jour un prêtre se trouve seul, chez vous, avec votre femme ou votre fille, et vous ne pouvez empêcher cela, parce que c'est admis, toléré par la société moderne.

Dédaignant les préjugés ou bravant l'opinion, qu'un homme veuille conserver la direction morale de sa femme ou de sa fille, il n'y peut parvenir. S'il chasse le prêtre du foyer conjugal, elles le retrouveront au confessionnal.

Si noble que soit sa conduite, si grands que soient les sacrifices qu'il aura accomplis pour élever honnêtement son enfant et faire vivre dignement sa femme, un étranger peut, sous l'égide de l'Église, détruire en quelque temps le produit de toute une vie de labeur, d'abnégation, de dévouement.

L'autorité, l'amour paternel seront combattus, balancés, détruits.

Dans ce sanctuaire mystique, le prêtre fera prévaloir les sentiments religieux sur ceux de la famille ; il séparera insensiblement le père de son enfant, la femme de son mari. Dans ce cas, le moins qui puisse en résulter, c'est la guerre dans la famille ou l'abandon de la maison par la femme oubliant ses devoirs conjugaux, peut-être même maternels.

La religion ne suffit pas pour gagner le ciel, qu'on le sache bien. Une vie sans tache, ayant le travail pour base, le respect de chacun et le sien propre pour mobile et l'honorabilité pour but, vous conduira mieux au ciel que toutes les confessions possibles.

J'ai été en relations avec un garçon très-bon, très-honnête. Ce garçon est un prêtre. Malgré l'excellence de sa nature, malgré lui souvent, il avait des aspirations terribles. Je l'ai vu lutter, vaincre devant moi. J'ai su plus tard, qu'il avait succombé.

Quelle vertu ne faut-il pas à un homme jeune, pour se défendre contre ces aspirations toutes naturelles, qui le poussent à parjurer son vœu de chasteté ? C'est facile à comprendre.

J'ai vingt-cinq ans, je suis neuf, je suis prêtre. Je confesse avec foi de vieilles et de jeunes femmes. La première année je ne succombe pas ; c'est le résultat de l'ignorance des passions dans laquelle j'ai été élevé. La seconde année, je reste neuf encore ; j'ai la force de résister ; c'est là déjà de la vertu. Je résiste encore un an, c'est de l'héroïsme.

A trente ans infailliblement je cède, et tout le monde le comprendra.

Je suis reçu avec déférence dans toutes les familles. J'ai la confiance des hommes, la libre disposition de l'esprit des femmes, jeunes souvent, jolies parfois, enviables toujours pour moi, qui ne les ai jamais connues ; et l'on sait combien l'homme instruit cherche à savoir ce qu'il ignore.

Dans cette espèce d'intimité mystique qui existe entre cent, deux cents jeunes femmes et moi, je reçois la confidence de leurs plus secrètes pensées, de leurs joies, de leurs douleurs. Sur la quantité, une est plus malheureuse que les autres. Je la plains davantage, je l'encourage avec plus d'ardeur ; elle m'est reconnaissante de tant de zèle. Notre intimité s'accroît d'autant que je l'ai consolée du mieux que j'ai pu et qu'elle ne demandait pas mieux que d'être consolée.

Sommes-nous coupables l'un ou l'autre ? Évidemment non !

Quel que soit l'homme, célibataire ou même marié, qui se trouvera dans la position du prêtre, il faillira comme lui. De plus, comment peut-on croire qu'un homme tout jeune, sortant d'un séminaire, sans expérience de la vie, puisse apprendre à ceux qu'il est appelé à conduire les choses qu'il ignore lui même ?

Si l'on a besoin d'un bon conseil pour élever un enfant, soigner une femme ou gérer ses affaires, peut-on admettre que ce jeune homme soit à même de vous éclairer ? Non.

Vous vous adresserez dans le premier cas à un père, dans le second à un médecin, dans le troisième à un commerçant, et non point à un jeune homme novice en toutes ces choses.

Je crois donc qu'il serait bon qu'on édictât une loi n'autorisant les hommes à être prêtres qu'après quarante ans, âge où les passions peuvent être dominées parce qu'on les a toutes connues, où l'expérience des choses peut être acquise parce qu'on les a vues de près, âge enfin auquel un homme, peut-être devenu veuf, peut avoir été père et savoir par conséquent quels sont les conseils nécessaires à ceux qui commencent la vie et ont besoin de guide.

Alors le caractère du prêtre sera noble, humanitaire, social et progressiste, parce qu'il prendra cette carrière si belle, quand elle est bien comprise, par sa propre volonté, par sa foi, par ses aspirations, par son dévouement et peut-être aussi par le repentir d'une faute commise jadis, qu'il cherche à réparer en faisant tout le bien possible,

Cela videra d'un coup les discussions qui ont eu lieu à la Chambre pour la mise en arme des séminaristes, réclamations justes et fondées, qu'on aurait dû voter unanimement.

VII

Partant de ce principe que le suffrage universel est la base essentielle de tout Gouvernement qui veut être durable, essayons d'abord d'établir d'une manière indiscutable le suffrage universel.

Huit millions d'électeurs ont soutenu, pendant la période 1848-1870, Napoléon III sur le trône.

Il n'y est resté que parce que ses partisans prétendaient que tel était le vœu de la nation.

Il s'agit de savoir si la France, sur 38 millions d'âmes, n'en possède que 8,000,000 aptes à voter, et si ce cinquième prouve jusqu'à l'évidence que son vote est l'énoncé vrai de la volonté, des sentiments ou des besoins de la nation.

Évidemment, non. Car au moins un cinquième de ce cinquième appartient à l'administration du gouvernement, et vote pour qui le fait vivre, et bien vivre. Un autre cinquième au moins est acheté.

Il reste donc 3/5 du 1/5 pour rivaliser contre les factions et essayer d'établir les choses les plus nécessaires aux besoins du pays. Est-ce un suffrage national ? — Non !

D'abord, pourquoi exclut-on la femme ?

Est-elle moins intelligente, moins sensée, moins à même de juger les besoins et les intérêts généraux ? Est-elle moins courageuse ? A-t-elle, en un mot, un jugement moins sain que celui de l'homme ? Non. La preuve, c'est que, dans mille occasions de la vie privée, la femme, par ses sages avis, évite des désastres, ou tout au moins les fait pressentir à celui qui en fait son conseil.

Cherchez, dans un ménage d'ouvriers ou de bourgeois, sur dix hommes, sept au moins consulteront leur femme, quand il s'agira d'intérêts particuliers considérables ; et il est bien rare qu'on ne reçoive pas d'elle le conseil qui vous fait réussir, ou tout au moins éviter les écueils.

Quand un cataclysme comme celui de 1870 se présente, par qui est-il amené ? Par les votes, par la nation, par son suffrage.

La femme est-elle exempte des peines ou des pertes que vous subissez? Si l'on vous vole, n'est-elle pas volée? Si l'on tue votre enfant, ne l'a-t-elle pas élevé comme vous, mieux que vous, et n'a-t-elle pas le droit de le réclamer, de le préserver, de le défendre? Votre fortune est engloutie, mais aussi la sienne, parce que vous avez mal voté. Tant pis pour vous, si telle était votre opinion. Mais, si cette opinion n'est pas partagée, pourquoi votre femme, qui est inerte en politique, subit-elle les désastres résultant de votre propre incapacité ?

Il faut pourtant qu'elle s'incline. La politique n'est pas son lot. Qu'elle s'occupe du ménage, cela suffit. Mais quand il est brûlé, pillé, volé, de quoi s'occupera-t-elle ? Elle travaillera avec vous, et là vous trouverez bien sa place. Il eût mieux valu la trouver avant, pour lui éviter tant de peines, ou du moins, avoir la satisfaction de pouvoir lui répondre : « Si nous sommes ici, c'est notre volonté qui nous y a conduits, que notre volonté nous en sorte ? » Et non pas : « C'est par ma volonté que tu es ruinée, travaille avec moi pour nous relever tous les deux. »

Le temps n'est plus où l'on pouvait considérer la femme comme un être nul. Aujourd'hui c'est autre chose. Chacun comprendra qu'il est nécessaire, puisqu'elle apporte son contingent de raison aux affaires du ménage, qu'elle l'apporte aussi à celles du pays.

Puisque la République est le monopole de toutes les libertés, qu'on laisse à la femme celle de prouver qu'elle est aussi apte que l'homme à gérer les affaires, ou qu'elle en est incapable ; et alors seulement on aura le droit de l'éliminer, quand elle aura prouvé qu'elle est plus nuisible qu'utile.

Quoi qu'il en soit, en la mettant à la tête de ses affaires personnelles, on sauvera toujours sa propre maison, sinon le pays, de la ruine.

Si la mort vient frapper un commerçant ou un industriel, sa femme étant, comme lui, au courant de ses affaires, à la tête de ses intérêts, pourra en son absence continuer son œuvre, la perfectionner, l'agrandir.

Les masses prolétaires se soumettront facilement à une femme, qui obtiendra, par la persuasion et la douceur, l'autorité qu'un maître acquiert souvent par la crainte et qu'il n'arrive pas toujours à conserver. Une auréole brille au front de la femme dans sa propre acception. L'homme est enclin à la respecter par nature, à l'aider par esprit, à la soutenir par devoir.

J'en reviens au suffrage universel. La femme doit y prendre part : elle a un fils, un frère, un époux ; elle tient à nous comme nous à elle.

Son vote nous est nécessaire ; il faut donc l'acquérir, car il sera toujours dans le sens des intérêts que lui dicteront ses devoirs ou son humanité.

VIII

Chaque commune devra élire dans son sein, si faible que soit sa population, celui qu'elle jugera le plus capable de sauvegarder ses intérêts particuliers. Tout représentant élu sera du sexe masculin, la puissance de la parole étant une des forces de l'homme plutôt que de la femme. Ce représentant de commune se rendra au canton, chargé des pouvoirs des siens avec sa tâche tracée, et le devoir et le mandat de ne point s'écarter de cette tâche.

Chaque représentant sera tenu de se rendre à la sous-préfecture dont il dépendra. Les divers représentants des communes ou des cantons, dépendant soit de la préfecture, soit des sous-préfectures du même département, se réuniront une fois par an pour élire, dans une assemblée départementale, ceux des représentants qui, soit comme agriculteurs, ou comme commerçants, ou comme économistes, auront marqué leur place dans la grande assemblée.

Dans ces réunions départementales, chacun des membres donnera connaissance du mandat concernant les intérêts de ceux qu'il représentera, et qui sera le contenu circonstancié des besoins de chaque commune, de chaque canton, de chaque sous-préfecture, besoins partiels qu'on réduira collectivement, de façon à ne léser aucun sans raison, pour arriver aussi uniformément que possible à la satisfaction de tous.

Chaque département pourra compter au moins quatre membres qui formeront annuellement le contingent des représentants nationaux, ce qui portera le minimum des membres de la grande assemblée au nombre de 356.

Pour les questions spéciales, comme : l'administration des mines, des ponts et chaussées, des tabacs, des poudres, du génie, de la marine, de l'instruction, de l'agriculture, de la guerre, des finances, de l'industrie, des arts, des sciences, des concours annuels auront lieu.

Chaque candidat sera tenu de produire, dans une brochure, ses vues, ses conceptions, ses créations, ses capacités particulières dans ces diverses choses, soit dans une brochure personnelle, soit dans les journaux de l'État.

De cette façon, la Chambre se composera d'hommes qui représenteront les besoins partiels du pays, et d'hommes défendant ou essayant d'en établir les intérêts généraux.

Ces hommes spéciaux, éligibles chaque année, formeront au sein même de la grande Assemblée une assemblée législative.

Ils composeront le ministère qui sera unique et renfermera douze sections.

Chaque section aura son journal, dont la spécialité sera de rendre compte à la nation, jour par jour, des actes et des faits qui se seront accomplis dans cette section, et sur lesquels le pays aura à juger.

Supposons que les sections soient disposées comme il suit :

1° Les affaires étrangères ;
2° Les finances ;
3° L'instruction ;
4° La justice ;
5° L'industrie et le commerce ;
6° La marine et les colonies ;
7° L'artillerie, le génie, la guerre ;
8° Les ponts et chaussées, les chemins de fer, les canaux, les mines, les forêts ;
9° L'agriculture et l'économie politique ;
10° Les sciences ;
11° Les arts ;
12° La police et l'intérieur.

IX

Les recettes des contributions sont la base de la richesse, par conséquent de la puissance d'un Etat. Aussi emploie-t-on aux finances des hommes soi-disant plus capables, qui se font payer fort cher, pour amener au trésor national les fonds qu'y doivent verser les citoyens.

Des impôts seront créés sur les voitures et chevaux de luxe. Un notaire, un médecin, un avocat, objecteront que, pour leurs occupations particulières, une voiture est utile, et rentre, par conséquent, dans les nécessités auxquelles les assujettissent leurs professions. Mauvaise raison. Qui peut avoir voiture et cheval conduits par un laquais, peut et doit payer des droits.

Seront seuls exclus les agriculteurs et tous ceux dont l'industrie ou la profession nécessite absolument des voitures de transport et des chevaux de trait. Toute voiture dite de maître, comme cabriolet, phaéton, coupé, etc., etc., devra payer un impôt.

Les fonds arriveront d'une façon bien simple : aucune tête de bétail, aucun litre de liquide, aucun sac de grains ne pourra sortir de la commune ou des hameaux et villages en dépendant, sans que le débitant ait l'énoncé sur récépissé des droits acquis par le receveur.

S'il n'existe de receveur qu'au premier canton voisin, tous les habitants des villages, hameaux, communes dépendant du canton, et ceux du canton même, avant de pouvoir échanger ou vendre au dehors quoi que ce soit, seront tenus d'en faire la déclaration et d'en déposer les droits entre les mains du receveur établi à cet effet, lequel ne sera autre que le chef de l'asile de la commune ou du canton. C'est dans ces asiles que les enfants apprendront les premiers éléments, afin de n'arriver au prytanée que sachant lire et écrire. Pour être receveur, il faudra passer les examens d'instituteur de dernière classe et être marié. C'est la femme du receveur qui s'occupera du recouvrement des fonds. De cette façon, vous fondrez en un seul les traitements de deux ou plusieurs employés.

L'État allouera aux professeurs des appointements fixes, qui seront augmentés d'un intérêt décroissant sur le nombre d'enregistrement qu'ils feront.

Ainsi, sur les premiers 1,000 francs d'impôts perçus, ils auront 5 p. 100; sur les seconds, 2 1/2, et ainsi de suite.

Il en sera de même dans les villes où les femmes des professeurs du prytanée seront chargées du soin de faire parvenir à la Préfecture, administrant le département, les divers enregistrements communaux ou cantonnaux qui devront tous figurer sur la colonne des finances du journal local, lequel enverra son compte rendu au journal de Paris, qui sera lui-même le compte rendu général de ces comptes rendus particuliers.

Dans les ports ou dans les douanes frontières, les droits seront également perçus à l'arrivée de toutes les marchandises.

Il y aura un tarif général pour les impôts de denrées diverses. Les feuilles d'octroi seront numérotées et tirées d'un registre particulier fait pour chaque denrée ou produit.

Ainsi les erreurs seront inadmissibles ; le receveur en sera responsable.

Je suppose qu'un bœuf paie 10 francs de droits au cahier de contributions concernant cet article : le commerçant qui passera dix têtes payera 100 francs. Admettons qu'il en passe douze ; son reçu portera le nombre déclaré. Il n'aura le droit de vendre que le nombre de bœufs dont on lui aura délivré l'acquit. Si l'employé, par mégarde, marque douze bœufs en ne recevant que l'impôt de dix, il sera redevable de 20 francs au Gouvernement, ce qui n'a jamais été dans les goûts d'aucun employé.

Si un commerçant arrive sur un marché avec douze bœufs, n'ayant qu'un acquit de dix, on confisquera sa marchandise, ce qui n'a jamais été dans les goûts d'aucun commerçant.

Il suffira, pour pouvoir circuler dans toutes les villes, une fois les droits payés, de faire viser au bureau de perception le récépissé qu'on aura reçu, afin d'avoir le droit de vendre sur le marché dépendant de ce bureau.

Avant que les marchés ne commencent, le nombre des têtes de bétail ou des sacs de grains sera vérifié par des inspecteurs et marqué sur des poteaux indicateurs.

Les vins fins, tels que : Clos-Vougeot, Pomart, Château-Laffitte, etc., seront aussi soumis à une taxe spéciale.

Si le commerçant peut expédier du Clos-Vougeot pour du vinaigre, le receveur de la commune ou du canton sera là pour savoir combien on expédie de pièces, et le taux qu'elles doivent payer pour circuler librement.

Il sera distribué aux notaires tous les papiers timbrés nécessaires à l'enregistrement. Chez eux, sans le secours d'un percepteur du timbre, chaque acte sera dûment et valablement établi et payé.

Les maires, chargés de mentionner sur des registres spéciaux les naissances, les mariages, les décès, formeront le contingent du cadastre et le nombre textuel des habitants du pays.

Les Français seulement pourront être admis aux emplois que nécessiteront ces exploitations diverses.

Tout citoyen valide sera soldat. Les capitaines seront tenus d'établir le nombre des hommes et la quantité d'armes, d'habillements, de nourriture, de munitions qu'ils auront distribués chaque jour à leur compagnie.

Dans la marine, les lieutenants de vaisseau seront chargés de présenter un inventaire analogue qui sera ratifié par le capitaine du bord.

Tous ces comptes divers, relevés finalement par les membres du ministère, chacun dans sa section, seront inscrits, jour par jour, dans les journaux correspondants.

Chaque ministère pourra disposer annuellement d'une somme de 100,000 francs, qui sera destinée à récompenser les citoyens qui feront une découverte utile aux besoins de la société et du pays.

Il y aura autant de feuilles nationales que de sections.

La presse sera libre, et tous les citoyens pourront répondre, réfuter, attaquer, argumenter, discuter les actes des ministères.

Il n'y aura ni chef de ministère, ni chef d'assemblée. Le ministère s'appellera le *Gouvernement national* ; et chaque section, *ministère*.

De sorte que le Gouvernement national se composera de douze ministères qui traiteront, chacun suivant son emploi, avec les puissances étrangères, au nom de la nation.

A la Chambre, tous les jours, le sort désignera quel sera le président, soit parmi les membres des ministères, soit parmi les membres de l'Assemblée nationale. Chaque ministère devra se composer d'environ dix à quinze membres, qui feront, à tour de rôle, les comptes rendus du journal national.

La Chambre se composera donc d'environ 500 membres de l'Assemblée nationale, et d'environ 200 membres du ministère, qui seront chargés, suivant les besoins généraux du pays, d'énoncer les mesures à prendre pour satisfaire les besoins particuliers de chaque province, sans nuire aux unes, mais surtout sans en protéger aucune.

Les ambassadeurs, les représentants des puissances étrangères seront reçus dans un des palais nationaux, où le Gouvernement tiendra ses séances solennelles.

Chaque membre de l'Assemblée aura 10,000 francs de traitement par an ; chaque membre du Gouvernement national 20,000 francs.

A ce compte, les 200 membres du Gouvernement coûteront 4 millions ; les 500 membres de la Chambre, 5 millions.

Le Sénat à lui seul coûtait à peu près cette somme, et il était inutile. Se trouvant bien payé, il tenait fort à sa place ; aussi aurait-il fait pour la garder, tout, hormis le bien ; les événements ne l'ont que trop prouvé.

Chaque journal sera le compte rendu exact des actes ou des faits accomplis en France,

De cette façon, plus de tromperie possible. La nation saura ce dont elle peut disposer, ce qu'elle peut faire, quelle est sa dette, quelles sont ses recettes. Nul ne pourra déclarer la guerre sans le suffrage universel.

Les paroles et les actes seront désavoués quand ils n'obtiendront pas la sanction de la grande majorité des citoyens.

Les membres du ministère subiront la pression de l'autorité du pays, représenté par l'Assemblée nationale, comme le pays a subi jusqu'aujourd'hui la pression autocratique des ministres.

Si un seul homme, par orgueil, par ambition, par ignorance, mène *d'un cœur léger* le pays à la ruine, le pays n'agira jamais légèrement lorsqu'il s'agira de défendre ses lois, ses droits, ses institutions, l'intégrité du territoire, ou d'imposer le respect qu'on doit au Gouvernement voisin, comme à la propriété voisine, parce que 38 millions d'hommes jugent plus sainement qu'un seul, lorsqu'ils sont solidaires les uns des autres, et qu'ils ont de si graves intérêts à protéger et à servir.

L'Assemblée nationale soumettant au ministère les demandes, les changements, les améliorations dont les représentants de la province seront les mandataires ; les ministres répondant quel serait, à leur sens, le meilleur parti à prendre pour la satisfaction générale, et exposant aux citoyens les résultats de la discussion sur lesquels ils seront appelés à apposer leur vote : voici un Gouvernement administratif complet, avec lequel on économise les traitements suivants :

Le souverain et sa famille......	30,000,000
Sénateurs et ministres........	10,000,000
Corps législatif.............	3,000,000

Sans compter les frais de représentation, les dépenses extraordinaires du budget, le clergé, etc., etc.

Vous avez tout cela plus simple et mieux fait pour 9 millions, mettons-en dix. Bénéfice net : 33 millions.

Les jeunes hommes sortant du collége aimeront généralement très-peu l'agriculture ; l'on établira pour cela la conscription qui existait avant pour l'armée. Ceux dans le goût desquels cela n'entrera pas, pourront se faire remplacer ; pourvu que le contingent soit complet, il importe peu qu'il se compose de tels ou tels.

Lorsque la conscription vous prendra, au lieu de perdre votre temps à tuer et à détruire, vous l'emploierez à produire, ce qui vaut infiniment mieux.

Quand la première année d'exercice militaire sera terminée, on enverra, en temps de paix, les jeunes hommes dans les colonies françaises, pour y chercher les améliorations que leur instruction pourra y apporter. De sorte qu'à la théorie que donne l'étude, ils joindront la pratique qui donne l'expérience.

L'armée permanente, car il en faut toujours une, se composera donc en général de neuf cent mille hommes environ ; trois cent mille de la première année, trois cent mille de la deuxième, trois cent mille de la troisième. C'est à peu près ce que produit la conscription chaque année.

Avec les hommes de la troisième armée on obtiendra une force maritime colossale, chose qui a toujours été trop négligée en France. S'il faut faire une expédition d'outremer, aucun ne sera neuf, tous pourront être utiles.

Ceux qui voudront faire leur état du métier de soldat, soit sur terre, soit sur mer, formeront un corps spécial.

Il y aura pour eux des écoles militaires, d'où sortiront les officiers de marine, d'artillerie, de génie.

Quelque soit le nombre des régiments, il n'y aura qu'une seule tenue, la plus simple, mais la plus confortable possible.

X

Ce mode de Gouvernement n'est pas immédiatement réalisable. On ne peut espérer pouvoir en une fois obtenir toutes ces choses. Ce n'est que graduellement qu'elles s'établiront, si tous les travailleurs soutiennent avec persévérance, par leurs votes successifs, les hommes qui tendent à propager l'instruction civile, à séparer le clergé de l'Etat, à faire prospérer l'agriculture.

Il faut, avant de l'élire, obliger chaque candidat à prouver par ses actes, par ses œuvres, par sa conduite, que le but constant de sa vie a été d'établir un Gouvernement libéral où tous les talents puissent se frayer un passage, où tous les sentiments puissent être connus.

Il faut que le travailleur ne se laisse pas dominer par des personnalités égoïstes, plus ambitieuses que dévouées. Il faut surtout ne tolérer aucune espèce de centralisation : il en émane toujours des partialités ou des injustices. Il faut enfin porter à la tête de la nation ceux qui auront prouvé qu'ils veulent l'émancipation morale, sûrs qu'ils sont d'être appuyés par cette émancipation même, qu'ils auront encouragée, fécondée, soutenue, qui sera leur œuvre et dont ils seront issus.

Que les travailleurs essaient d'un Gouvernement de légistes et de philosophes ; qu'on exclue quelque peu les guerriers du pouvoir : si la force est parfois utile, elle ne soutient pas toujours la cause de la justice ou de l'humanité.

En un mot, au lieu de s'appuyer sur la force brutale, dont l'entretien est onéreux, il faut chercher la puissance de la morale, de la raison, de l'équité, de la justice.

Cette puissance, qu'on le sache bien, est toute entière dans les classes laborieuses, qui sont essentiellement humaines et absolument honnêtes. Elles sont, de plus, économes et prévoyantes, qualités issues de leurs besoins. Si le peuple se gouverne lui-même, il ne se ruinera jamais ; il ne fera que peu de dettes ; le travailleur ne les aime pas.

Il aura donc le travail pour base, l'économie pour mobile, le respect des autres et le sien propre pour but.

Quand il ne confiera plus à d'autres qu'à lui-même le soin de ses intérêts, il luttera avec plus de courage et de persévérance pour les faire triompher, parce qu'il en sera le représentant, et que son honneur sera en jeu.

Un homme peut, sans souci de sa dignité, oublier son devoir. Un peuple ne se laissera jamais déshonorer !

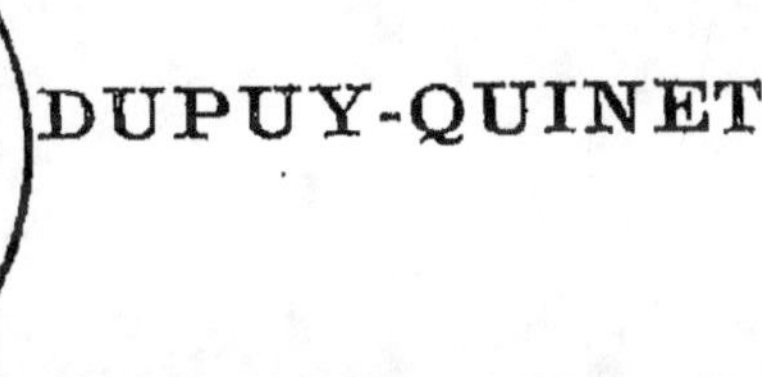

DUPUY-QUINET

Paris.—Imp. LEFEBVRE, Pass. du Caire, 87-89.